RÉPUBLIQUE FRANÇAISE

MINISTÈRE DE L'AGRICULTURE

DIRECTION

DES SERVICES SCIENTIFIQUES

ET

DE LA RÉPRESSION DES FRAUDES

RECUEIL

DES PRINCIPAUX TEXTES

RELATIFS

À LA RÉPRESSION DES FRAUDES

DANS LE COMMERCE DES ENGRAIS

PARIS

IMPRIMERIE NATIONALE

1929

MINISTÈRE DE L'AGRICULTURE.

DIRECTION
DES SERVICES SCIENTIFIQUES
ET
DE LA RÉPRESSION DES FRAUDES.

ENGRAIS, AMENDEMENTS,
PRODUITS CUPRIQUES ANTICRYPTOGAMIQUES
ET INSECTICIDES.

LOI
(4 février 1888)

*concernant la répression des fraudes
dans le commerce des engrais.*

LE SÉNAT ET LA CHAMBRE DES DÉPUTÉS ont adopté,

LE PRÉSIDENT DE LA RÉPUBLIQUE promulgue la loi dont la teneur suit :

ARTICLE PREMIER.

Seront punis d'un emprisonnement de six jours à un mois et d'une amende de 5o à 2.000 francs ou de l'une de ces deux peines seulement :

Ceux qui, en vendant ou mettant en vente des engrais ou amendements, auront trompé ou tenté de tromper l'acheteur, soit sur leur nature, leur composition ou le dosage des éléments utiles qu'ils contiennent, soit sur leur provenance, soit par l'emploi, pour les désigner ou les qualifier, d'un nom qui, d'après l'usage, est donné à d'autres substances fertilisantes.

En cas de récidive dans les trois ans qui ont suivi la dernière condamnation, la peine pourra être élevée à deux mois de prison et 4.000 francs d'amende.

Le tout sans préjudice de l'application du paragraphe 4 de l'article 1er de la loi du 1er août 1905 relatif aux fraudes sur la quantité des choses livrées (1), et des articles 7, 8 et 9 de la loi du 23 juin 1857 concernant les marques de fabrique et de commerce.

ART. 2 (2).

Dans les cas prévus à l'article précédent, les tribunaux peuvent, en outre des peines ci-dessus portées, ordonner que les jugements de condamnation seront, par extraits ou intégralement, publiés dans les journaux qu'ils détermineront et affichés sur les portes de la maison et des ateliers ou magasins du vendeur et sur celles des mairies de son domicile et celui de l'acheteur.

En cas de récidive dans les cinq ans, ces publications et affichages seront toujours prescrits.

ART. 3.

Seront punis d'une amende de 11 à 15 francs inclusivement ceux qui, au moment de la livraison, n'auront pas fait connaître à l'acheteur, dans les conditions indiquées à l'article 4 de la présente loi, la provenance naturelle ou industrielle de l'engrais ou de l'amendement vendu et sa teneur en principes fertilisants.

En cas de récidive dans les trois ans, la peine de l'emprisonnement pendant cinq jours au plus pourra être appliquée.

---

(1) Ainsi modifié par la loi du 1er août 1905.
(2) Cet article est remplacé par l'article 7 de la loi du 1er août 1905.

ART. 4.

Les indications dont il est parlé à l'article 3 seront fournies, soit dans le contrat même, soit dans le double de commission délivré à l'acheteur au moment de la vente, soit dans la facture remise au moment de la livraison.

La teneur en principes fertilisants sera exprimée par les poids d'azote, d'acide phosphorique et de potasse contenus dans 100 kilogrammes de marchandise facturée telle qu'elle est livrée, avec l'indication de la nature ou de l'état de combinaison de ces corps, suivant les prescriptions du règlement d'administration publique dont il est parlé à l'article 6.

Toutefois, lorsque la vente aura été faite avec stipulation du règlement du prix d'après l'analyse à faire sur échantillon prélevé au moment de la livraison, l'indication préalable de la teneur exacte ne sera pas obligatoire, mais mention devra être faite du prix du kilogramme de l'azote, de l'acide phosphorique et de la potasse contenus dans l'engrais tel qu'il est livré, et de l'état de combinaison dans lequel se trouvent ces principes fertilisants. La justification de l'accomplissement des prescriptions qui précèdent sera fournie, s'il y a lieu, en l'absence de contrat préalable ou d'accusé de réception de l'acheteur, par la production soit du copie de lettres du vendeur, soit de son livre de factures régulièrement tenu à jour et contenant l'énoncé prescrit par le présent article.

ART. 5.

Les dispositions des articles 3 et 4 de la présente loi ne sont pas applicables à ceux qui auront vendu, sous leur dénomination usuelle, des fumiers, des matières fécales, des composts, des gadoues ou boues de ville, des déchets de marchés, des résidus de brasserie, des varechs et autres plantes marines pour engrais, des déchets frais d'abattoirs, de la marne, des faluns, de la tangue, des sables coquilliers, des chaux, des plâtres, des cendres ou des suies provenant des houilles ou autres combustibles.

ART. 6.

Un règlement d'administration publique prescrira les procédés d'analyse à suivre pour la détermination des matières fertilisantes des engrais, et statuera sur les autres mesures à prendre pour assurer l'exécution de la présente loi.

ART. 7.

La loi du 27 juillet 1867 est et demeure abrogée.

ART. 8.

La présente loi est applicable à l'Algérie et aux colonies.

La présente loi, délibérée et adoptée par le Sénat et par la Chambre des députés, sera exécutée comme loi de l'État.

Fait à Paris, le 4 février 1888.

CARNOT.

Par le Président de la République :

Le Ministre de l'Agriculture,

VIETTE.

LOI

du 4 février 1888, modifiée par la loi du 19 mars 1925 concernant la répression des fraudes dans le commerce des engrais.

(Les modifications sont en italiques.)

Le Sénat et la Chambre des députés ont adopté,

Le Président de la République promulgue la loi dont la teneur suit :

ARTICLE PREMIER.

Seront punis d'un emprisonnement de six jours à un mois et d'une amende de 50 à 2.000 francs ou de l'une de ces deux peines seulement :

Ceux qui, en vendant ou mettant en vente des engrais ou amendements, auront trompé ou tenté de tromper l'acheteur, soit sur leur nature, leur composition ou le dosage des éléments utiles qu'ils contiennent, soit sur leur provenance, soit par l'emploi, pour les désigner ou les qualifier, d'un nom qui, d'après l'usage, est donné à d'autres substances fertilisantes.

En cas de récidive dans les trois ans qui ont suivi la dernière condamnation, la peine pourra être élevée à deux mois de prison et 4.000 francs d'amende.

Le tout sans préjudice de l'application du paragraphe 4 de l'article 1er de la loi du 1er août 1905 relatif aux fraudes sur la quantité des choses livrées (1), et des articles 7, 8 et 9 de la

---

(1) Ainsi modifié par la loi du 1er août 1905.

loi du 23 juin 1857 concernant les marques de fabrique et de commerce.

ART. 2.

(Remplacé par l'article 7 de la loi du 1er août 1905.)

ART. 3.

Seront punis d'une amende de 11 à 15 francs inclusivement ceux qui, au moment de la livraison, n'auront pas fait connaître à l'acheteur, dans les conditions indiquées à l'article 4 de la présente loi, la provenance naturelle ou industrielle de l'engrais ou de l'amendement vendu et sa teneur en principes fertilisants.

En cas de récidive dans les trois ans, la peine de l'emprisonnement pendant cinq jours au plus pourra être appliquée.

ART. 4.

La teneur en principes fertilisants sera exprimée par le poids d'azote, d'acide phosphorique et de potasse contenus dans 100 kilogrammes de marchandise facturée telle qu'elle est livrée, avec l'indication de la nature ou de l'état de combinaison de ces corps suivant les prescriptions du règlement d'administration publique dont il est parlé à l'article 6.

Ces indications devront figurer sur le contrat de vente ou le double de commission délivré à l'acheteur au moment de la vente, ainsi que sur les prospectus, réclames, prix courants, papiers de commerce.

Tout fabricant ou vendeur d'engrais est, en outre, tenu :

1° De délivrer à l'acheteur, au moment de la livraison, une facture détaillée portant toutes les indications prévues à l'article 3 ;

2° D'apposer sur les emballages, sacs ou récipients, dans lesquels la marchandise est préparée pour la vente, mise en vente, vendue et expédiée, une étiquette portant ces mêmes indications, qui devront concorder avec celles figurant sur la facture.

Cette étiquette sera retenue dans le système de fermeture de l'emballage.

Il est interdit de porter sur les sacs, emballages ou récipients, soit par inscription directe ou par tout autre moyen, d'autres indications que celles ci-dessus prévues, exception faite pour le nom, l'adresse et la raison sociale du fabricant ou du vendeur, la dénomination de vente du produit, et, éventuellement, toute marque syndicale de garantie.

La teneur en éléments fertilisants devra être exprimée par un seul nombre et les indications relatives à leur nature ou à leur état de combinaison devront être en caractères typographiques de mêmes dimensions.

Les infractions aux dispositions du présent article seront punies des peines prévues à l'article 3.

L'article 65 de la loi de finances du 27 février 1912 est applicable à la loi du 4 février 1888.

ART. 5.

Les dispositions des articles 3 et 4 de la présente loi ne sont pas applicables à ceux qui auront vendu, sous leur dénomination usuelle, des fumiers, des matières fécales, des composts, des gadoues ou boues de ville, des déchets de marchés, des résidus de brasserie, des varechs et autres plantes marines pour engrais, des déchets frais d'abattoirs, de la marne, des faluns, de la tangue, des sables coquilliers, des chaux, des plâtres, des cendres ou des suies provenant des houilles ou autres combustibles.

ART. 6.

Un règlement d'administration publique prescrira les procédés d'analyse à suivre pour la détermination des matières fertilisantes des engrais, et statuera sur les autres mesures à prendre pour assurer l'exécution de la présente loi.

ART. 7.

La loi du 27 juillet 1867 est et demeure abrogée.

ART. 8.

La présente loi est applicable à l'Algérie et aux colonies.

La présente loi, délibérée et adoptée par le Sénat et par la Chambre des députés, sera exécutée comme loi de l'État.

Fait à Paris, le 4 février 1888.

CARNOT.

Par le Président de la République :

Le Ministre de l'Agriculture,

VIETTE.

DÉCRET

(23 mai 1926)

portant règlement d'administration publique pour l'application de la loi du 4 février 1888, modifiée par la loi du 19 mars 1925 concernant la répression des fraudes dans le commerce des engrais.

(J. O. du 8 juin 1926.)

Le Président de la République française,

Sur le rapport du Ministre de l'Agriculture,

Vu la loi du 4 février 1888, modifiée par la loi du 19 mars 1925, concernant la répression des fraudes dans le commerce des engrais et, notamment, l'article 6 de ladite loi, ainsi conçu :

« Un règlement d'administration publique prescrira les procédés d'analyse à suivre pour la détermination des matières fertilisantes des engrais et statuera sur les autres mesures à prendre pour assurer l'exécution de la présente loi »;

Vu le décret du 3 mai 1911 portant règlement d'administration publique pour l'application de la loi susvisée du 4 février 1888 sur la répression des fraudes dans le commerce des engrais;

Vu le décret du 22 janvier 1919 réglementant les prélèvements, analysés et expertises pour la répression des fraudes en ce qui concerne les boissons, les denrées alimentaires et les produits agricoles;

Le Conseil d'État entendu,

DÉCRÈTE :

Dispositions spéciales aux engrais.

ARTICLE PREMIER.

Tout vendeur d'engrais est tenu de faire figurer sur ses prospectus, réclames, prix courants et papiers de commerce, la dénomination des engrais qu'il met en vente, avec l'indication de leur provenance naturelle ou industrielle, de leur teneur en éléments fertilisants et de la nature ou de l'état de combinaison de ces derniers.

La provenance doit être indiquée par le nom de l'usine ou de la maison qui a fabriqué ou fait fabriquer l'engrais s'il s'agit d'un produit industriel, ou par le lieu géographique d'où il est tiré s'il s'agit d'un engrais naturel, soit par, soit simplement trié et pulvérisé.

La teneur d'un engrais en éléments fertilisants doit être indiquée par les poids d'azote, d'acide phosphorique et de potasse contenue dans 100 kilogrammes de la marchandise facturée telle qu'elle est livrée.

Le poids de ces éléments fertilisants doit être exprimé en azote élémentaire (Az), en acide phosphorique anhydre (P^2O^5), et en potasse anhydre (K^2O).

Les mots « pour cent », dans l'indication du dosage, doivent être exprimés en toutes lettres.

La nature ou l'état de combinaison des éléments fertilisants doivent être indiqués exclusivement de la façon suivante :

1° En ce qui concerne l'azote :

Pour l'azote provenant des nitrates : par les mots « azote nitrique », suivis de l'indication de la nature des nitrates contenus dans l'engrais.

Pour l'azote provenant des sels ammoniacaux, du crud ammoniac, de la cyanamide, de l'urée et de leurs sels et dérivés, par les mots «azote ammoniacal», suivis de l'indication de la nature des produits azotés contenus dans l'engrais.

Pour l'azote provenant des matières organiques, telles que os, viande, sang, corne, cuir, tourteaux, vinasses : par les mots «azote organique», suivis de l'indication des matières azotées d'origine organique contenues dans l'engrais et du traitement auquel ces matières ont été soumises;

2° En ce qui concerne l'acide phosphorique :

Pour l'acide phosphorique en combinaison soluble dans l'eau, par les mots «acide phosphorique soluble dans l'eau».

Pour l'acide phosphorique en combinaison insoluble dans l'eau, mais soluble dans le citrate d'ammoniaque, par les mots «acide phosphorique soluble dans le citrate d'ammoniaque».

Toutefois, la distinction entre ces deux formes de l'acide phosphorique n'est pas obligatoire. Les indications précédentes peuvent être remplacées par la mention globale «acide phosphorique soluble dans l'eau et dans le citrate d'ammoniaque».

Pour l'acide phosphorique insoluble dans l'eau et dans le citrate d'ammoniaque, par les mots «acide phosphorique insoluble».

La teneur en acide phosphorique insoluble des scories de déphosphoration doit être suivie de l'indication de la quantité dudit acide phosphorique qui est soluble dans une solution d'acide citrique à 2 p. 100, par la mention : «dont : .....soluble dans le réactif citrique».

En outre, la teneur en acide phosphorique des scories de déphosphoration et des phosphates naturels destinés à l'emploi direct en agriculture doit être suivie de l'indication de la finesse de mouture par la mention : «finesse X... p. 100 au tamis n°...», indiquant la proportion centésimale de l'engrais susceptible de traverser par tamisage le tamis en toile métallique du numéro donné.

Le numéro du tamis indique, conformément aux usages du commerce, le nombre de mailles carrées contenues dans une longueur de 27 millimètres, l'épaisseur des fils étant la suivante :

NUMÉRO DU TAMIS.	DIAMÈTRE DES FILS en millimètres.
60	0,18 à 0,20
100	0,11 à 0,12
120	0,10 à 0,11
150	0,07 à 0,09
200	0,05 à 0,06

3° En ce qui concerne la potasse :

Pour la potasse en combinaison soluble dans l'eau : par les mots «potasse soluble dans l'eau», suivis de l'indication des sels potassiques contenus dans l'engrais.

Pour la potasse en combinaison insoluble dans l'eau : par les mots «potasse insoluble».

Les mots «azote», «acide phosphorique», «potasse» doivent être écrits en toutes lettres.

ART. 2.

Les indications prévues à l'article 1er ci-dessus doivent être portées par le vendeur sur le contrat de vente ou sur le double de commission délivré à l'acheteur au moment de la vente, si celle-ci donne lieu à la délivrance de l'une ou de l'autre de ces pièces.

ART. 3.

Tout vendeur d'engrais est tenu de délivrer à l'acheteur au moment de la livraison une facture détaillée portant la dénomination de l'engrais livré, l'indication de sa provenance naturelle ou industrielle, de sa teneur en éléments fertilisants et de la nature ou de l'état de combinaison de ces derniers, conformément aux prescriptions de l'article 1er ci-dessus.

La teneur en éléments fertilisants de l'engrais livré devra être exprimée pour chacun d'eux par un seul nombre, suivi ou non du mot « minimum ».

Lorsque la livraison de l'engrais comporte une expédition, un délai de huit jours à dater du jour de l'expédition est accordé au vendeur pour adresser sa facture au destinataire.

Lorsque l'expédition a lieu en provenance d'un dépôt ou d'une usine n'ayant pas de service commercial de vente, le représentant du vendeur est tenu de délivrer ou de faire parvenir immédiatement à l'acheteur un bordereau descriptif ou bon de livraison portant, sauf le prix, toutes les indications prévues au premier paragraphe du présent article.

Dans ce cas, le délai d'envoi de la facture définitive est porté à un mois.

Cette facture ne pourra, sous quelque prétexte que ce soit, porter d'autres indications que celles qui figurent sur le bon de livraison en ce qui concerne la dénomination de l'engrais livré, l'indication de sa provenance, de sa teneur en éléments fertilisants et de la nature ou de l'état de combinaison de ces derniers.

La facture devra porter des indications de référence permettant d'identifier sans confusion possible la marchandise qu'elle concerne avec celle que mentionne le bon de livraison correspondant.

ART. 4.

Tout fabricant ou vendeur d'engrais est tenu d'apposer sur les emballages, sacs ou récipients dans lesquels la marchandise est préparée pour la vente, mise en vente, vendue et expédiée, une étiquette portant, à l'exclusion de toutes autres, les mêmes indications que celles dont l'inscription sur la facture accompagnant la livraison est prescrite par l'article 3 précédent.

Cette étiquette sera retenue dans le système de fermeture de l'emballage.

Les indications relatives à la teneur de l'engrais en éléments fertilisants, à leur nature ou à leur état de combinaison devront être inscrites en caractères de même apparence et de mêmes dimensions.

Il est interdit de porter sur les sacs, emballages ou récipients, soit par l'inscription directe ou par tout autre moyen, d'autres indications que celles ci-dessus prévues, exception faite pour le nom et l'adresse du destinataire, le nom, la raison sociale, la marque de fabrique et l'adresse du fabricant ou du vendeur, et, éventuellement, toute marque syndicale de garantie.

L'interdiction portée au paragraphe ci-dessus ne s'applique pas aux notices imprimées qui peuvent être placées à l'intérieur des sacs, à condition, toutefois, que leur texte s'applique exclusivement au mode d'emploi de l'engrais ou aux précautions à prendre pour sa conservation.

ART. 5.

Les dispositions des articles qui précèdent ne sont pas applicables :

1° Aux engrais hétérogènes, de composition variable et de faible teneur en principes fertilisants, habituellement transportés en vrac, énumérés à l'article 5 de la loi du 4 février 1888, à moins qu'ils n'aient subi une addition d'engrais chimiques ou un traitement industriel ayant eu pour résultat de les rendre homogènes et susceptibles d'être transportés en sacs;

2° Aux matières premières brutes destinées à la fabrication des engrais, lorsqu'elles sont expédiées directement à des fabricants d'engrais et exclusivement réservées par ces derniers aux besoins de leur fabrication;

3° Aux engrais horticoles vendus en quantités n'excédant pas le poids de 5 kilogrammes par emballage, sac ou boîte, à la condition, toutefois, que la teneur en éléments fertilisants de l'engrais soit indiquée, conformément aux prescriptions des paragraphes 3, 4 et dernier de l'article 1er, sur une étiquette apposée sur le récipient, ou fixée à ce dernier.

Dispositions spéciales aux amendements.

ART. 6.

Tout vendeur de matières destinées à l'amendement des terres cultivées est tenu de faire figurer sur ses prospectus, réclames, prix courants et papiers de commerce, la dénomination des amendements qu'il met en vente, avec l'indication de leur provenance naturelle ou industrielle.

La provenance doit être indiquée par le nom de l'usine ou de la maison qui a fabriqué ou fait fabriquer l'amendement, s'il s'agit d'un produit industriel ou par le lieu géographique d'où il est tiré, s'il s'agit d'un amendement naturel soit pur, soit simplement trié et pulvérisé.

Les dispositions du présent article ne sont pas applicables aux amendements énumérés à l'article 5 de la loi du 4 février 1888, modifiée par la loi du 19 mars 1925, lorsqu'ils sont vendus sous leur dénomination usuelle.

Dispositions générales.

ART. 7.

Sous réserve de l'application des dispositions de l'article 1er de la loi du 1er août 1905 sur la répression des fraudes, les dispositions du présent décret ne sont pas applicables aux produits autres que ceux visés par les articles qui précèdent, et auxquels le vendeur attribue cependant des propriétés fertilisantes quoiqu'ils ne renferment aucun des éléments fertilisants énumérés à l'article 4 de la loi du 4 février 1888 sur la répression des fraudes dans le commerce des engrais.

ART. 8.

La commission permanente, instituée par le décret susvisé du 22 janvier 1919, pour l'examen des questions d'ordre scientifique que comporte l'application de la loi du 1ᵉʳ août 1905 sur la répression des fraudes, est chargée également de l'étude des questions techniques concernant l'exécution de la loi du 4 février 1888, modifiée par la loi du 19 mars 1925 sur les engrais.

ART. 9.

Les infractions aux dispositions de la loi du 4 février 1888, modifiée par la loi du 19 mars 1925, et à celles du présent règlement d'administration publique sont recherchées et constatées par tous officiers de police judiciaire et par les autorités qui ont qualité, aux termes du décret susvisé du 22 janvier 1919, pour opérer des prélèvements en matière de fraude.

Cette recherche et cette constatation, ainsi que le prélèvement des échantillons, leur analyse et l'expertise contradictoire s'effectueront suivant les règles fixées par ledit décret du 22 janvier 1919

ART. 10.

Le décret du 3 mai 1911 est abrogé.

ART. 11.

Il sera statué par des décrets ultérieurs en ce qui concerne l'Algérie et les colonies.

ART. 12.

Le Ministre de l'Agriculture est chargé de l'exécution du présent décret, qui sera publié au *Journal officiel* de la République française et inséré au *Bulletin des lois*.

Fait à Paris, le 23 mai 1926.

Gaston DOUMERGUE.

Par le Président de la République :

Le Ministre de l'Agriculture,

François BINET.

LOI

(4 août 1903)

*réglementant le commerce des produits cupriques
anticryptogamiques.*

Le Sénat et la Chambre des députés ont adopté,

Le Président de la République promulgue la loi dont la teneur
suit :

ARTICLE PREMIER.

Seront punis d'une amende de quinze francs (15 fr.) à vingt-
cinq francs (25 fr.) inclusivement ceux qui, au moment de la
vente ou de la livraison de produits cupriques anticryptogamiques, matières premières ou composées, n'auront pas fait
connaître à l'acheteur sur le bulletin de vente, en même temps
que sur la facture, la teneur en cuivre pur contenu par 100 kilogrammes de matière facturée telle qu'elle est livrée.

Toutefois, lorsque la vente aura été faite avec stipulation du
prix d'après l'analyse à faire sur l'échantillon prélevé au moment
de la livraison, l'indication préalable de la teneur exacte ne sera
pas obligatoire; mais la mention du prix du kilogramme de cuivre
pur devra être faite, soit sur la lettre d'avis, soit sur la facture
délivrée à l'acheteur.

ART. 2.

Un règlement d'administration publique déterminera les procédés analytiques à suivre pour la détermination du cuivre pur
dans les produits anticryptogamiques cupriques.

La présente loi, délibérée et adoptée par le Sénat et par la Chambre des députés, sera exécutée comme loi de l'État.

Fait à la Bégude-de-Mazenc, le 4 août 1903.

ÉMILE LOUBET.

Par le Président de la République :

Le Ministre de l'Agriculture,

Léon MOUGEOT.

LOI

(18 avril 1922)

*complétant la loi du 4 août 1903 réglementant le commerce
des produits cupriques anticryptogamiques.*

(*J. O. du 25 avril 1922.*)

___

Le Sénat et la Chambre des Députés ont adopté,

Le Président de la République promulgue la loi dont la teneur
suit :

ARTICLE UNIQUE.

Le premier paragraphe de l'article 1ᵉʳ de la loi du 4 août
1903 réglementant le commerce des produits cupriques anticryptogamiques est complété ainsi qu'il suit :

« La même indication devra être inscrite d'une façon appa-
rente sur les enveloppes et récipients dans lesquels la marchandise
est livrée à l'acheteur, sur les emballages et récipients dans lesquels ladite marchandise est préparée à l'avance pour être livrée
à l'acheteur, ainsi que sur les prospectus, réclames, prix courants
et papiers de commerce. »

La présente loi, délibérée et adoptée par le Sénat et par la
Chambre des députés, sera exécutée comme loi de l'État.

Fait à Alger, le 18 avril 1922.

A. MILLERAND.

Par le Président de la République :

Le Ministre de l'Agriculture,

Henry CHÉRON.

LOI

(9 juillet 1907)

concernant la vente des engrais.

Le Sénat et la Chambre des députés ont adopté,

Le Président de la République promulgue la loi dont la teneur suit :

ARTICLE PREMIER.

La lésion de plus d'un quart dans l'achat des engrais ou amendements qui font l'objet de la loi du 4 février 1888 et des substances destinées à l'alimentation des animaux de la ferme donne à l'acheteur une action en réduction de prix et en dommages-intérêts.

ART. 2.

Cette action doit être intentée, à peine de déchéance, dans le délai de quarante jours à dater de la livraison. Ce délai est franc. Elle demeure recevable, nonobstant l'emploi partiel ou total des matières livrées.

ART. 3.

Nonobstant toute convention contraire qui sera nulle de plein droit, cette action est de la compétence du juge de paix du domicile de l'acheteur, quel que soit le chiffre de la demande, et sous réserve du droit d'appel au-dessus de 300 francs.

La présente loi, délibérée et adoptée par le Sénat et par la Chambre des députés, sera exécutée comme loi de l'État.

A. FALLIÈRES.

Par le Président de la République :

Le Ministre de l'Agriculture,
RUAU.

Le Garde des Sceaux,
Ministre de la Justice,
Eᴅ. GUYOT-DESSAIGNE.

ARRÊTÉ

(15 mai 1911)

fixant les mesures à prendre pour le prélèvement des échantillons d'engrais, amendements et produits pour la destruction des cryptogames et autres parasites.

(*J. O. du 20 mai 1911.*)

Le Ministre de l'Agriculture,

Vu la loi du 4 février 1888 sur la répression des fraudes dans le commerce des engrais et amendements;

Vu le décret du 3 mai 1911 portant règlement d'administration publique pour l'application de ladite loi et notamment l'article 9 ainsi conçu :

«Les prélèvements doivent être effectués de telle sorte que les quatre échantillons soient, autant que possible, identiques.

«A cet effet, des arrêtés du Ministre de l'Agriculture, sur la proposition de la Commission permannete, déterminent pour chaque produit ou marchandise la quantité à prélever, les procédés à employer pour obtenir des échantillons homogènes, ainsi que les précautions à prendre pour le transport et la conservation des échantillons»;

Vu la loi du 4 août 1903 réglementant le commerce des produits cupriques anticryptogamiques;

Vu le décret du 9 octobre 1906 portant règlement d'administration publique pour l'application de ladite loi en ce qui concerne les procédés analytiques à suivre pour la détermination du cuivre;

Vu la loi du 1ᵉʳ août 1905 sur la répression des fraudes dans la vente des marchandises et le décret du 31 juillet 1906 portant règlement d'administration publique pour l'application de ladite loi;

Vu l'avis émis par la Commission permanente,

ARRÊTE :

ARTICLE PREMIER.

Chaque prélèvement comporte toujours la prise de quatre échantillons.

Ces quatre échantillons doivent être identiques.

ART. 2.

Les quantités à prélever et les procédés à employer pour obtenir des échantillons homogènes sont les suivants :

I. — *Produits anticryptogamiques.*

Sulfate de cuivre;
Sulfate de fer;
Soufre;
Bouillies cupriques;
Verdet;
Et produits hétérogènes.

Chaque échantillon, de 250 grammes environ, est placé dans un vase de verre propre et sec, lequel est immédiatement bouché avec un bouchon de liège et scellé.

En ce qui concerne les bouillies cupriques, les verdets et, en général, les poudres formées par le mélange de produits différents, la prise d'échantillon doit être faite en observant rigoureusement les précautions suivantes :

Lorsque le produit est contenu dans un seau ou vendu en paquet, répandre la totalité du contenu du seau ou d'un paquet sur une feuille de papier, étaler en mélangeant la matière en couche uniforme et prélever dans les divers points de la masse une quantité de produit d'environ 1 kilogramme.

Cette quantité est, à son tour, placée sur une feuille de papier, mélangée et partagée en quatre tas égaux constituant chacun l'un des quatre échantillons.

Lorsque le produit est contenu dans un sac qu'il est pratiquement impossible de vider complètement, on prélève à la sonde, dans les divers points de la masse, une quantité de produit d'environ 1 kilogramme, puis on mélange les prises sur une feuille de papier et on opère comme précédemment.

II. — *Engrais pulvérulents ou ayant l'aspect du sel.*

Chaque échantillon, de 250 grammes environ, est placé dans un vase de verre propre et sec, lequel est immédiatement bouché avec un bouchon de liège et scellé.

Lorsque le produit est en sac, le prélèvement doit être opéré sur un échantillon moyen obtenu de la façon suivante :

On ouvre un des angles d'un sac et l'on y plonge une sonde, en la dirigeant en diagonale vers l'angle opposé; on répète la même opération successivement sur chacun des quatre angles du sac et on réunit sur une toile ou sur une feuille de papier le produit ainsi obtenu.

On opère de la même façon sur un certain nombre de sacs pris au hasard et on réunit toutes les prises qu'on mélange soigneusement, à la main ou avec une spatule, et qu'on réunit en un seul tas.

La matière rendue, de cette façon, aussi homogène que possible est étalée en couche uniforme. On prélève systématiquement dans les divers points de celle-ci de quoi remplir les quatre flacons.

Lorsque les engrais pulvérulents sont en tonneaux, on perce les deux fonds du tonneau de deux trous, au moyen d'une vrille; ces trous doivent être assez grands pour qu'on puisse y introduire la sonde, ce qu'on fait en s'éloignant autant que possible de l'axe du tonneau. Le mélange se fait d'ailleurs comme précédemment.

Lorsque l'engrais est en tas, on peut également se servir de la sonde pour y prélever l'échantillon moyen; mais il faut avoir soin de faire pénétrer cet instrument jusque dans les parties centrales du tas, de même que jusque dans les parties inférieures. Si le tas est trop volumineux pour qu'on puisse arriver à ce résultat, le meilleur moyen consiste à faire une tranchée vers le centre du tas et à prélever ensuite, dans un grand nombre de points placés dans les diverses parties du tas (en y comprenant ceux que la tranchée a rendus libres), les échantillons au moyen de la sonde.

III. — *Engrais non pulvérulents.*

La quantité à prélever par échantillon est d'autant plus grande que la matière est moins homogène.

Lorsque l'engrais est en masse pâteuse ou compacte et qu'il se trouve en sacs ou en tonneaux, il est indispensable de vider plusieurs sacs pris au hasard sur un plancher ou sur des dalles préalablement balayées; on mélange alors à la pelle le tas obtenu et l'on prélève en différents points de ce tas des pelletées de l'engrais. Ce nouvel échantillon formé est divisé et mélangé, pulvérisé, ou concassé, autant que possible, à l'aide d'une batte ou d'un marteau; on mélange finalement à la main cette matière plus ou moins pulvérulente et on l'introduit dans un flacon ou dans une boîte métallique.

Quand l'échantillon est primitivement en tas, on procède de la même manière, en pratiquant une tranchée comme il a été expliqué plus haut.

On ne doit, dans aucun cas, dans l'une ou l'autre de ces opérations, éliminer les pierres ou les parties étrangères de l'engrais; elles doivent entrer dans l'échantillon prélevé, dans une proportion autant que possible égale à celle dans laquelle elles existent dans l'engrais.

Des matières peu homogènes, rognures, chiffons, etc., sont disposées en tas et bien mélangées à la pelle; sur ce mélange, on prélève, à la main, dans un très grand nombre d'endroits, une poignée de matière, on réunit le produit de tous ces prélèvements, qu'on mélange à nouveau avec la main et sur lequel on prend finalement l'échantillon destiné à l'analyse. Moins la matière est homogène, plus grand devra être l'échantillon destiné à l'analyse; dans quelques cas, il faut prélever jusqu'à trois et quatre kilogrammes de matière. Cet échantillon est introduit dans une boîte métallique ou dans une caisse en bois hermétiquement fermée.

Les engrais qui sont en pâte plus ou moins liquide (par exemple, les vidanges) peuvent présenter deux cas : ou bien ils sont homogènes et alors il suffit de les mélanger à la pelle et d'en remplir un flacon; ou bien ils se séparent en deux parties (l'une plus fluide, l'autre plus consistante) : dans ce cas, il est indispensable de prélever de l'une et de l'autre dans une proportion égale à la proportion dans laquelle elles existent dans le lot à examiner.

Les parties liquides sont remuées et aussitôt, sans laisser le temps de déposer, on en prélève une quantité proportionnelle.

Les parties solides sont divisées à la bêche; on y prélève un échantillon égal proportionnel et l'on réunit les deux lots dans un grand flacon à large goulot hermétiquement bouché.

ART. 3.

Le Chef du Service de la répression des fraudes est chargé de l'exécution du présent arrêté.

Fait à Paris, le 15 mai 1911.

Le Ministre de l'Agriculture,

J. PAMS.